LES
ORIGINES D'ÉPINAL

PAR

M. L'ABBÉ CH. CHAPELIER

* * *

Extrait du *Bulletin de la Société Philomatique Vosgienne.* — **Année 1885-86.**

SAINT-DIÉ

TYPOGRAPHIE ET LITHOGRAPHIE L. HUMBERT.

LES ORIGINES D'ÉPINAL

PAR

M. L'ABBÉ CH. CHAPELIER

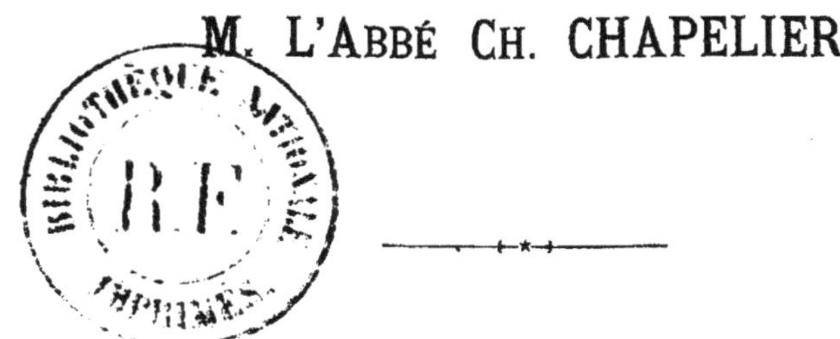

—+—★—+—

Extrait du *Bulletin de la Société Philomatique Vosgienne.* — **Année 1895-86.**

—■—

SAINT-DIÉ

TYPOGRAPHIE ET LITHOGRAPHIE L. HUMBERT.

LES ORIGINES D'ÉPINAL

I

TRANSLATION DES RELIQUES DE SAINT GOËRY. — SON PÈLERINAGE ET LA MALADIE DES ARDENTS.

La translation des reliques de saint Goëry [1] dans le monastère d'Épinal [2] eut des conséquences très graves que je me propose de d'étudier en détail.

Deux choses ont le privilège de séduire les peuples : l'éclat de la grandeur humaine et l'éclat de la sainteté. La grandeur humaine étant éphémère ne produit qu'une passagère impression; mais celle de la sainteté est durable et se prolonge à travers les siècles.

[1] Saint Goëry, d'une illustre famille d'Aquitaine, suivit d'abord la carrière des armes, où il se distingua par sa valeur et sa piété. Il est vraisemblable, disent les auteurs de l'*Histoire du Languedoc* (p. 327), que la charge de comte d'Albi, vacante par l'élévation de Syagrius à la dignité de duc de Marseille, fut remplie, vers l'an 625, par saint Goëry. Privé de la vue, il vint à Metz implorer saint Etienne, et fut bientòt l'ami de l'évèque Arnould. Il lui succéda sur le siège de Metz en 629, et dès lors ne mit plus de bornes à ses austérités, à son zèle, à sa charité. L'époque de sa mort est incertaine. Il fut d'abord inhumé hors de la ville, dans la chapelle des saints Innocents, connue depuis sous le nom de Saint-Symphorien, où son chef était conservé dans un buste d'argent. C'est le reste du corps qui fut transporté dans l'abbaye des Bénédictines d'Épinal. Cfr. DOM CALMET, *Hist. de Lorr.* — *Hist. de Metz*, par les Bénédictins. — MEURISSE, *Hist. des Evêques de Metz*, etc.

[2] L'époque de la translation du corps de S. Goëry n'est précisée nulle part avec sûreté. Postérieure à l'année 953, date de la promotion de S. Gérard au siège épiscopal de Toul, elle est antérieure à la fin de l'année 984, date de la mort de Théodoric ou Thiéry de Hamelan, évêque de Metz. Le 7 Septembre 984, la mort surprit le prélat avant qu'il eût achevé son œuvre, établi la communauté monastique qui devait garder et vénérer à jamais le dépôt sacré des reliques de S. Goëry. Cette considération qui n'est pas sans importance, nous incline à reculer la date de la translation du saint pontife jusque dans les derniers temps de l'épiscopat de Thiéry de Hamelan, et peut-être eut-elle lieu en Juin 984.

Nul rayon de cette double gloire n'a manqué à l'auréole de S. Goëry. Il fut grand par sa naissance, par ses dignités, par sa vocation épiscopale, par ses œuvres, par les miracles que Dieu fit pour lui et par lui ; grand aussi par le glorieux reflet de la sainteté de ses amis, le B. Pépin de Landen, S. Didier de Cahors, S. Clodulphe, S. Arnould et tant d'autres qui occupaient alors les sièges épiscopaux, illustraient les monastères et sanctifiaient les cours.

Les trois siècles écoulés depuis la mort de l'illustre pontife jusqu'à la translation de ses reliques, n'avaient pu faire oublier l'éclat de sa vie sainte aux populations de la Haute-Moselle. Aussi la terre qu'il avait foulée de ses pieds d'apôtre, les peuples dont les aïeux furent évangélisés de son ardente parole et ravis par sa vertu, tressaillirent, quand vint le cortège qui apportait son corps dans l'église élevée au pied de l'un des sommets du Chaumontois, à l'ombre du château des évêques de Metz.

Cette contrée, où hier on ne voyait que des cabanes de pêcheurs et quelques habitations éparses dans des gorges sauvages, est envahie aujourd'hui par une foule immense, accourue même de provinces voisines, et se livrant aux transports de la plus vive allégresse (1). La foi du peuple a revêtu ce corps saint d'un éclat supérieur à celui du soleil : il voit dans ces reliques une défense plus puissante, un refuge plus assuré, un remède plus efficace que les remparts et les tours, que les armées rangées en bataille, que tous les secours humains.

Dieu, à l'instant même, bénit cette foi et sourit à cette espérance par un éclatant miracle, celui des deux châsses, qui, d'elles-mêmes, se réduisirent à la dimension voulue

______

(1) WIDRIC. *Vita S. Gerardi.* Les Bollandistes, au 23 Avril, donnent la vie de S. Gérard, par WIDRIC; mais elle est tronquée de près d'un tiers.

pour s'emboîter l'une dans l'autre (1). Ce miracle accompli dans une circonstance solennelle, eut un immense retentissement et favorisa singulièrement la dévotion populaire.

Rien ne frappe la multitude comme les miracles opérés sur le tombeau et par les reliques des saints. En effet, rien de grand, de prodigieux, comme le spectacle de la vie éclatant sous les enveloppes et au milieu des apparences de la mort. Aussi lorsque vint à sévir en Lorraine, en Bourgogne et dans la plupart des provinces de France, ce fléau appelé le *feu sacré* ou *mal des ardents*, S. Goëry fut l'espérance, le remède et la guérison des peuples de la contrée (2).

En France, Dieu choisit principalement sainte Geneviève,

(1) WIDRIC. *Vita S. Gérardi.* Le texte de Widric, hormis quelques coupures, plusieurs mots ou membres de phrases de médiocre importance, retranchés ou ajoutés, a été reproduit dans les leçons IVe, Ve et VIe de l'office de la Translation de S. Goëry que les chanoinesses d'Épinal célébraient le 21 Juin. Voir les leçons de cet office dans un Ms. des *Archives des Vosges*, petit in-4º, broché.

Le P. Benoît Picart a adopté le récit de Widric dans la vie de S. Gérard, dans l'Histoire de Toul et dans l'Histoire manuscrite de Metz. Voici le texte légèrement abrégé de la vie de S. Gérard, p. 40. « Théodoric ayant réparé le monastère d'Epinal, appela S. Gérard, l'évêque diocésain, pour faire une nouvelle translation des reliques de S. Goëry. On avait préparé deux châsses, l'une d'argent, l'autre de fer, qui devaient s'emboîter l'une dans l'autre. Mais l'ouvrier avait très mal pris ses mesures ; car ces deux châsses étant de même grandeur, on ne pouvait les ajuster pour qu'elles s'emboîtassent. La cérémonie étant retardée, Théodoric se chagrinait et le peuple murmurait. Saint Gérard eut recours à Dieu, et, au canon de la messe, les deux châsses s'emboîtèrent miraculeusement. » Benoît Picart se trompe deux fois dans ces quelques lignes. La translation des reliques de S. Goëry dont il parle, était véritablement la première. Ni lui, ni aucun autre historien ne signalent de translation avant celle de Thiéry de Hamelan. Il se trompe encore en disant que l'une des deux châsses était de fer. Le texte de Widric dit seulement qu'elle était. *nexa ligamine ferri.* Le P. Benoît Picart étend davantage son récit dans l'Histoire de Metz. Ms. in-folio, Nº 21 de la Bibliothèque d'Epinal. Episcopat de Théodoric, 47e évêque de Metz.

(2) Voici en quels termes Trithème raconte les cruels effets du mal des ardents. « En ce temps-là, il y eut dans la Lorraine occidentale une grande contagion. Les hommes que cette maladie, appelée *feu sacré,* dévorait à l'intérieur, tombaient en corruption. Ils mouraient les membres rongés et noircis comme des charbons; ou bien, les pieds et les mains putréfiés, les nerfs contractés, hideux et difformes, ils traînaient une vie misérable dans les luttes d'une longue agonie. » Chronique d'Hirsauge, année 1090.

« En l'an mil nonante, dit Wassebourg, fut grande famine par tout le pays de Lorraine. Puis survint un air corrompu par tout le dict pays qui engendra une malladie, nommée le feu sacré. Par lequel les bras, jambes et autres membres des personnes estoient enflammez, de sorte qu'ils se corrompoient et dese -

de Paris, et saint Antoine, le patriarche des cénobites et l'ami de saint Athanase, pour consoler, fortifier, guérir les malades tourmentés de ce mal terrible (¹).

La petite chapelle de Saint-Antoine, bâtie un peu au-dessus d'Épinal, sur la rive gauche de la Moselle, et quelques parcelles d'os du même saint conservées dans le trésor des reliques de l'église paroissiale, font volontiers croire que le culte de saint Antoine se répandit de bonne heure dans nos contrées. Cette dévotion dut évidemment le jour à la maladie du feu sacré.

Mais dès l'an mille, un bon demi-siècle avant la translation des reliques de saint Antoine dans le Dauphiné, les miracles de S. Goëry en faveur des pauvres ardents avaient rendu son culte populaire dans les provinces de l'Est, et l'on implorait son assistance en Lorraine, en Bourgogne, dans l'Austrasie tout entière.

Ce fait dura plusieurs siècles, aussi longtemps que la terrible maladie endémique qui ravagea nos provinces. Pourquoi les âmes, au milieu de l'universelle détresse, ne se seraient-elles pas ouvertes à la confiance? « Dieu, dit Bossuet, est un ami sincère qui n'a rien de réservé pour les siens, et leur permet d'user de ses biens avec une espèce d'empire. » Aussi les malades subjugués par le pouvoir céleste du pontife Goëry, et vivement impressionnés par le miracle des deux châsses, venaient en foule, dans l'église

choient comme noirs charbons. Brief, ce mal tourmentoit tellement ceulx qui en estoient entachez que les uns mouroient misérablement, les autres se faisoient par contrainte couper les membres asseichez par ce mal, et les autres estoient contrefaictz par retraicte et contraction des nerfs, vivans et tourmens et langueurs le surplus de leur vie misérable. » RICHARD DE WASSEBOURG, *Les Antiquitez de la Gaule Belgique*, 1549, Livre IV, folio CCL, verso.

(1) Sur l'intercession de sainte Geneviève, Cfr. *Hist. de l'Église*, par ROHRBACHER, 11ᵉ édit., t. XV, p. 279 et seqq. et Bolland. *Acta SS., die tertiâ Januarii*, Sur saint Antoine, Cfr. Pierre HELYOT, *Hist. des Ordres monastiques*, etc., in-4º, t. II, p. 108 et seqq. et FLEURY, *Hist. ecclésiast.*, Livre LXXXVIII, p. 1.

bâtie au pied du château de *Spinal*, solliciter sa puissante médiation.

Il est beau de lire dans le biographe contemporain d'Adalbéron II, successeur de Thiéry de Hamelan sur le siège de Metz (1), les circonstances authentiques d'un des premiers pèlerinages de la Lorraine. Ce qu'il raconte, il l'a vu de ses yeux, touché de ses mains; car il accompagnait Adalbéron et lui aidait à prodiguer aux pèlerins malades les soins d'une héroïque charité.

Les ardents affluaient de toutes parts, principalement de la Bourgogne, les uns à pied et s'aidant de bâtons, les autres traînés sur des chariots ; et l'évêque Adalbéron qui, pendant sa vie, fut la lumière, la joie des siens, les recevait à table, lavait lui-même et pansait leurs plaies, les consolait de son regard, les reconfortait de ses douces paroles.

« Je suis bien assuré, dit l'abbé Constantin, de ne rien raconter qui ne soit entièrement vrai ; car moi-même, sept jours consécutifs, je l'ai aidé dans ce divin service, lavant les plaies des pèlerins ou les essuyant de mes mains. Chaque jour le nombre de ceux qui étaient ainsi reçus, ne s'élevait pas à moins de cent ou quatre-vingts. Et pendant qu'on versait l'eau sur leurs blessures, sans doute par l'effet de l'ardeur qui dévorait leurs chairs, il s'élevait une vapeur semblable à un épais nuage qui remplissait la maison et obscurcissait la vue. En même temps, une puanteur intolérable, dont l'odeur du soufre et de ce qu'il y a de plus infect ne donne qu'une imparfaite idée, se répandait partout. Adalbéron pratiquait cette charité sans témoigner aucun dégoût, avec une grande dévotion de cœur (2). »

L'importance de ce texte ne saurait échapper à personne.

(1) Il siégea de 984 à l'an 1005.
(2) *Vita Adalberonis, apud Labbe. Nova Biblioth.,* t. I, p. 673.

Il suffit pour démontrer que le pèlerinage de S. Goëry à Épinal était connu au loin et journellement fréquenté. C'est évidemment là qu'il faut chercher l'origine de l'établissement du marché, de l'agrandissement de l'église et de la formation de la cité, comme nous le prouverons d'ailleurs dans la suite de cette étude.

Lorsque la maladie du feu sacré se fut ralentie en Lorraine et dans les provinces voisines, l'affluence des pèlerins étrangers devint sans doute moins considérable. Mais à quelle époque eut lieu l'amoindrissement, puis l'entière disparition de ce mal terrible? Je l'ignore. A la fin du XIIIe siècle, il sévissait encore, surtout dans le Dauphiné ; car en 1297, fut établi l'ordre des Hospitaliers de Saint-Antoine, pour soigner les malades atteints du redoutable fléau, appelé aussi le *le feu Saint-Antoine*. Les Antonistes eurent plus d'un établissement dans notre province, et la diffusion de cet ordre en Lorraine autorise à penser que le feu sacré y demeura pendant plusieurs siècles à l'état endémique.

Mais chaque époque a ses misères en faveur desquelles la terre sent le besoin de célestes intercesseurs. C'est le défaut de foi et jamais l'absence de grâce à solliciter qui tarit les pèlerinages. A la vérité, des guerres continuelles interceptaient les communications et rendaient les pèlerinages lointains plus dangereux et plus rares. Celui de S. Goëry ne fut pas à l'abri de ces vicissitudes ; mais l'éclat des miracles opérés dès l'origine par le saint pontife et la merveilleuse diffusion de son culte, prouvent assez que le pèlerinage d'Epinal garda longtemps encore ses foules et sa renommée.

Pendant plusieurs siècles, il fut même tellement fréquenté qu'on dut recourir à des quêtes pour suppléer à l'insuffisance des revenus de l'hôpital et subvenir aux frais d'entretien des pauvres, des malades et des pèlerins, c'est ce qui ressort de

la note suivante du partage des menses, en 1458. « Le maistre de l'ospital allant à pourchays (¹) pour Monsieur sainct
Goëry et pour le dict ospital, doibt venir demander licence à
l'abbesse, et se doient renouveler les dittes lettres chacun
an (²). »

L'abbesse Madame Catherine de Blamont dans les « Lettres
d'institution du gouvernement de l'hospital Monsieur Sainct-
Goëry d'Espinal » employait déjà les mêmes termes. « Quant
le pourchaix du dict hospital se debvra faire chascun an, ceux
queslus seront pour faire et pourchaisser le dict pourchaix se
doibvent présenter pour prendre congié à nous et à nos suc-
cesseresses, et doibvent avoir et porter nos lettres comme
d'ancienneté est esté (³). »

Nous aimerions à prolonger ce récit, à l'appuyer de nombreux témoignages contemporains ; nous ne le pouvons mal-
heureusement. Les chroniqueurs de notre province, absorbés

(1) Pourchaisser. — Faire perquisition, solliciter. Vocabulaire Austrasien, par
DOM JEAN-FRANÇOIS.

(2) Cartulaire du Chapitre d'Épinal. Ms. in-folio relié en veau, avec coins et
clous en cuivre, fermoirs à courroies, aux Archives des Vosges. La bibliothèque
de la ville possède un Inventaire des Archives du Chapitre d'Épinal, qui est la
reproduction textuelle du cartulaire. In-folio, broché.

(3) Extrait du Ms. Nº 200 de la bibliothèque d'Espinal ; petit in-4º parcheminé
de XXVIII feuillets, intitulé : Translat, imité du latin, de plusieurs mémoires
concernant tout l'estat du gouvernement que se faisoit en l'hospital St. Goëry
d'Espinal... dediez à illustre et reverende Dame Madame Iolande de Bassom-
pierre, abbesse de l'Eglise Monseigneur sainct Goëry, par Jacob Bailly, d'Espinal.
Voici, tirée du même manuscrit, « la teneur des lettres de commission décer-
nées par Madame Asdeline de Menoux, abbesse, pour aller faire la queste au nom
de l'hospital St-Goëry d'Espinal. » — « Nous, Asdeline de Menoux, abbesse de
l'Église St-Goëry d'Espinal, diocèse de Toul, faisons scavoir à tous, que ceux qui
ont donné et donneront de leurs biens pour ayder à nourir les pauvres malades
et pelerins qu'arivent, et que sont tous les jours à nostre hospital, fondé en
l'honneur de Monsieur S. Goëry, nous les avons receu et par ycelles recepvons
à la participation des merites d'un pseaultier et de trois messes que se scelè-
brent tous les jours en nostre Esglise du dict Espinal, et généralement de toutes
les bonnes œuvres et suffrages qu'y sont esté faicts jusques au présent, et que
s'y feront à l'advenir. Faict l'an mil IIIIᶜ IIIIˣˣ et V. le XVᵉ. Novembre.
Les lettres de commission délivrées par Mesdames Nicole de Dommartin, et
Alix de Dommartin, pour autoriser et recommander la quête en faveur de l'hôpital Saint-Goëry, sont la reproduction littérale du texte précédent. Ce sont les
seules que nous ayons pu découvrir.

par des préoccupations d'un intérêt plus général, ont-ils passé
sous silence et négligé ces faits particuliers ; ou bien leurs
œuvres ont-elles péri dans le malheur de ces âges tourmentés par tant de catastrophes ? Peut-être l'un et l'autre. Il nous
reste à indiquer, en note, pour que le lecteur puisse y recourir facilement, le texte de nos grands historiens, et prouver
de la sorte l'incontestable autorité de notre thèse et la sévère
critique qui préside à nos affirmations (1).

II

HOPITAL SAINT-GOËRY FONDÉ PAR ADALBÉRON II, VERS L'AN 1000, POUR RECEVOIR LES PÈLERINS.

L'hospice Saint-Maurice d'Epinal ne remonte qu'à l'année
1620 : jusqu'après la grande révolution il porta le nom
d'Hôpital Saint-Lazare, et occupait l'emplacement actuel du
Musée et des écoles. Il avait remplacé un autre hôpital appelé le *Petit-Rualménil,* nom du quartier où il était situé.

(1) *Gallia Christiania,* t. XII. *Eccl. Metens.,* p. 128. — Bolland. *Acta SS., die
XIX^a Septembris. Vita S. Goërici : Comment. prœvius,* N° 17. — Dom CALMET,
Hist. de Lorraine, 11e édit., t. II, p. 107. — Dom CALMET, *Notice de Lorr.* Art. Epinal.
— FLEURY, *Hist. ecclésiastique,* 1re édit. t. XII, Liv. LXXVII, parag. XXXVIII,
p. 298. — LONGUEVAL, *Hist. de l'Egl. Gallicane,* in-4°, t. VII, Liv. XIX, p. 134.
Dans le texte de Longueval auquel je renvoie, Metz est mis pour Epinal, sans
doute par inadvertance de l'auteur.
Je reproduis, dans cette note, le texte de deux manuscrits auxquels le lecteur
ne pourrait peut-être facilement recourir :
« Les peuples ayant ouï parler des miracles que Dieu opérait à Epinal par l'intercession de saint Goëry, y accouraient en foule, la plupart estropiés et couverts
d'ulcères. Adalbéron les recevait, nettoyait et lavait lui-même leurs plaies et
leurs ulcères. » Mémoires de Dom Jean-François pour l'histoire ecclésiastique
et littéraire de Metz. Ms. in-folio, t. II, p. 119.
« Adalbéron qui résidait ordinairement dans le château d'Epinal, fit bâtir un
hôpital dans lequel il recevait les pèlerins et leur donnait lui-même à manger :
leur nombre était si grand que l'on en comptait jusqu'à quatre-vingts par jour. »
Hist. de Metz, par le R. P. Benoît PICART. Ms. N° 21 de la Bibl. d'Epinal. Episcopat d'Adalbéron II.

Les archives hospitalières parlent du Petit-Rualménil dès le XIVᵉ siècle, sans préciser toutefois l'époque de son origine.

Il est probable que la léproserie de la *Magdelaine*, sur la rive gauche de la Moselle, en aval, fut antérieure à l'hôpital du Petit-Rualménil, car elle est déjà mentionnée dans une charte de l'an 1194, par laquelle Bertram, évêque de Metz, décharge les terres des lépreux d'Epinal de 28 deniers de cens dont elles étaient grevées. La léproserie perdit sa raison d'être vers le commencement du XVIIᵉ siècle : par suite du malheur des temps, les terres étaient restées en friche; la chapelle, gardée par un ermite, tombait en ruine, quand, en 1724, ce domaine fut réuni à l'hôpital Saint-Lazare (1).

L'hôpital Saint-Goëry est entièrement distinct de ces trois établissements de charité.

Le plus ancien titre connu où il se trouvait mentionné était un testament de l'an 1240, par lequel N., prêtre hebdomadaire de l'église Saint-Goëry, donnait à l'hôpital du même nom un *Journal* situé auprès d'un terrain de l'hospice, entre Épinal et le moulin de Grennevaut (2); mais cette pièce, aujourd'hui détruite, supposait l'existence de l'hôpital sans déterminer l'époque de sa création.

En l'absence de documents positifs, on n'a osé jusqu'à ce jour former aucune conjecture sur la date et l'origine de cet établissement de charité. Or, l'emplacement de l'hôpital Saint-Goëry, sa nature ou les règles d'après lesquelles il fut constamment administré, sa destination, tout démontre clairement qu'il est contemporain des premiers jours du pèlerinage et antérieur à l'agglomération qui a constitué la ville.

En effet, l'hôpital Saint-Goëry occupait le carré actuel situé devant la Comédie, autrefois la Grange-aux-Dîmes, entre le marché couvert et la grande tour de l'église paroissiale. Dépendance de l'église et du monastère, il fut construit à une époque où le sol était libre, avant la formation de la ville, autrement on l'eût élevé plus loin. L'église et le monastère furent le centre autour duquel on se groupa d'abord, et plus on descend le cours des siècles, plus il a fallu s'éloigner du noyau primitif pour s'asseoir à l'aise et se développer librement. Cette règle, d'une application presque générale, nous force à assigner la même date et une origine identique au pèlerinage, à l'hôpital Saint-Goëry et à l'établissement du monastère.

D'ailleurs, l'hôpital Saint-Goëry fut toujours et sans conteste sous la dépendance du Chapitre et compris dans le partage des menses. « Item l'ospital d'Espinal, lisons-nous dans un document de l'année 1458. Madame l'abbesse ait les lettres de l'appointement faict : l'y doict encore le maistre de l'ospital à Madame aux festes de Noël, chacun an, XXX gros, et quand il vient une nouvelle abbesse, le dict maistre doict faire confermer les lettres du dict ospital et doict pour la première fois V franz au terme de Noël à ma dite Dame, et quand le dict maistre veut aller à pourchays pour Monsieur sainct Goëry et pour le dict ospital, il doibt venir demander licence à Madame et faire faire ses lettres, et pour le scel doibt avoir Madame X gros et se doient renouveller les dittes lettres à chacun an (¹). »

C'était la mense abbatiale ou la mense capitulaire, selon le partage, qui nommait les administrateurs de l'hôpital, y exerçait la surveillance et l'autorité. Jamais la ville ne revendiqua le droit le plus mince dans l'administration, et n'osa

____

(1) Cartulaire du Chapitre, p. 409.

réclamer le bénéfice de cette fondation charitable. Or, ne l'aurait-elle pas essayé et n'aurait-elle pas facilement coloré cette revendication, si la fondation de l'hospice n'eut pas été reconnue antérieure à l'existence de la cité ?

En 1618, il est vrai, les bourgeois d'Épinal déclarent que l'hôpital Saint-Goëry rend peu de services à la ville et se contente de quelques distributions de secours aux indigents ; mais c'est uniquement par mode d'observation, dans une requête où ils pressent le Duc de Lorraine de subvenir aux frais du nouvel hospice qu'ils fondèrent bientôt avec leurs seules ressources.

La destination elle-même de l'hôpital Saint-Goëry favorise singulièrement nos conclusions.

S'il avait eu pour but de secourir les misères locales, à quoi bon l'hospice du Petit-Rualménil, et en 1620, celui de Saint-Lazare ? En cas d'insuffisance on eût songé à l'agrandir, sans se jeter dans les embarras et les dépenses d'une création nouvelle. La cité d'Épinal n'était ni si étendue qu'elle ressentît le besoin de deux établissements de ce genre, ni si opulente, surtout à ces époques calamiteuses, pour qu'elle pût, sans gêne, subvenir à leur entretien.

L'hôpital Saint-Goëry a donc été fondé pour une destination spéciale : la réception, le soulagement des pèlerins pauvres et malades (1).

Si l'on veut préciser la date de cette fondation, il faut

(1) Cet établissement fut toujours appelé l'hôpital Saint-Goëry. Il ne renfermait point de sanctuaire dans son enceinte, et par conséquent sa dénomination lui est venue uniquement de ce qu'il existait par S. Goëry, pour S. Goëry et ceux qui venaient l'implorer. Saint Goëry en était le principe et le but ; S. Goëry présidait à l'assistance matérielle de ceux qui y étaient admis, avant d'être leur intercesseur et leur médecin. Le nom de Saint-Goëry convenait à cet hospice au titre le plus rigoureux, comme le nom d'un fondateur à l'établissement qui est l'œuvre de sa munificence.

Ce fait m'invite à relever en passant la touchante et pittoresque énergie des âges de foi. C'est Dieu, c'est S. Goëry, son serviteur, sous l'intermédiaire de l'homme, qui reçoivent les pauvres et les infirmes. De même, l'antique liturgie

rechercher l'époque où sa nécessité se fit sentir le plus vivement, et remonter jusqu'à l'évêque Adalbéron II. J'ai précédemment cité les paroles de Constantin, abbé de Saint-Symphorien. Ce texte, à la vérité, ne mentionne pas notre hôpital, mais l'existence de cet établissement découle de la narration du biographe contemporain comme une conséquence directe et nécessaire.

Épinal n'était ni ne pouvait être la résidence habituelle du pieux évêque de Metz (¹), et d'ailleurs Adalbéron n'aurait pu chaque jour remplir lui-même les devoirs de la charité hospitalière dont l'historiographe nous a transmis le souvenir.

D'un autre côté, le château d'Épinal, occupé déjà par les hommes d'armes, les officiers et les clercs, n'aurait pu loger cette foule de pauvres, de malades qui se succédaient à chaque instant. Il y avait donc, parmi les dépendances (²) du monastère, des bâtiments spéciaux affectés au service de la charité.

L'hôpital monastique est si intimement lié aux grands ordres religieux du moyen âge, que, malgré la transformation des mœurs publiques, on le retrouve au sein de notre société moderne. Le bâtiment des hôtes n'est autre chose que l'hospice conventuel des siècles passés. Dans les lieux de pèlerinage, il était un indispensable complément de l'église et de l'abbaye ; et dès lors, il nous est facile de comprendre pourquoi les chroniques sont parfois muettes sur l'origine de ces

de notre saint se plaît à le personnifier dans ses ossements. Cette manière de parler se retrouve même dans le style diplomatique de deux chartes des années 1209 et 1224, recommandant aux fidèles Monsieur saint Goëry, forcé de quêter pour son église. « Style figuré, ajoute une note marginale du Cartulaire, pour dire que l'on portait le corps de S. Goëry d'église en église pour exciter la charité des fidèles. »

(1) Quoi que dise Benoît Picart dans un texte précédemment cité. Note de la page 10.

(2) Je dis *parmi les dépendances,* parce que la règle monastique n'a jamais permis aux étrangers, surtout d'une manière permanente, l'entrée d'un monastère de filles.

établissements d'où s'écoulaient sur les peuples les flots inta-
rissables de la charité monastique.

Voici comment M. A. Digot résume ce point d'histoire.
« Dans les villes épiscopales, les évêques logeaient les pèlerins et les voyageurs pauvres, et quand ceux-ci étaient trop
nombreux, on les envoyait dans les abbayes, qui leur don-
naient l'hospitalité; ce qu'elles faisaient aussi dans les lieux
où il n'y avait pas d'évêque. La nécessité où les prélats et
les monastères se trouvaient de recevoir de la sorte les pèlerins et les voyageurs, dont le concours était considérable,
amena de bonne heure la fondation des hôpitaux. Ces hôpitaux n'avaient pas beaucoup de ressemblance avec les
établissements charitables qui portent maintenant le même
nom; c'étaient, comme leur dénomination l'indique, de vastes maisons où l'on donnait le vivre et le couvert pour un
ou plusieurs jours (¹). »

Benoît Picart, que sa qualité de religieux mettait peut-être
plus à même de comprendre les faits de ce genre, s'explique
comme nous le faisons nous-même. Il est le seul, à notre
connaissance, qui ait affirmé la véritable origine de l'hôpital
Saint-Goëry. « Les miracles que Dieu fit pour honorer les
reliques de S. Goëry, attiraient de toutes parts un si grand
concours de peuple, que l'évêque Adalbéron fut obligé de
bâtir un hôpital à Épinal (²). »

Et comme s'il eût voulu faire comprendre qu'il n'avait pas
écrit ces lignes par distraction et au hasard, il les reproduit
avec de nouveaux détails dans l'histoire de l'épiscopat d'Adalbéron II. « Adalbéron, dit-il, mit dans l'abbaye d'Épinal des
clercs, auxquels il substitua peu après des filles de l'ordre de
Saint-Benoît. Dieu fit plusieurs miracles pour honorer les re-

(1) A. DIGOT. *Hist. de Lorr.*, t. I, p. 263.
(2) *Hist. de Metz.* Ms. de la Bibl. d'Épinal. Episc. de S. Goëry.

liques de saint Goëry. Les étrangers, surtout les Bourguignons, affligés et tourmentés de la maladie qu'on appelait alors le feu sacré, y accouraient. Le prélat, qui résidait ordinairement dans le château, fit bâtir un hôpital, dans lequel il recevait les pèlerins et leur donnait lui-même à manger (1). »

J'ai prouvé que l'hôpital Saint-Goëry a été fondé spécialement pour la réception des pèlerins, antérieurement à l'existence de la cité et dès l'origine du monastère. Je ne puis clore ma discussion sans esquisser, jusqu'à notre siècle, l'histoire de cet antique établissement.

La fortune de l'hôpital fut toujours intimement liée à celle du pèlerinage et à celle de l'abbaye. Les mêmes causes qui entravaient ou favorisaient le pèlerinage, affligeaient l'abbaye ou la rendaient plus prospère, agissaient dans une mesure proportionnelle pour ou contre l'hôpital.

En 1325, à la séparation des menses entre l'abbesse Madame Clémence d'Autrey II et le Chapitre des nobles chanoinesses, on dut spécifier la part de biens nécessaires à l'entretien de l'hospice Saint-Goëry. C'est alors qu'une prébende lui fut attribuée.

La peste et la guerre, à l'époque de l'invasion suédoise, ne firent pas moins de ravages à Épinal que dans le reste de la Lorraine. « En 1622, Épinal avait une population de 2,000 conduits (chefs de famille); elle était la ville la plus florissante de la Lorraine; trente-cinq ans plus tard, elle est réduite à 160 conduits entièrement ruinés (2). »

Que devint, à cette époque, l'hôpital Saint-Goëry? Il subit évidemment les conséquences de cette détresse extrême. Une note du Cartulaire du Chapitre, sous la date du 25 Mai 1681, nous le laisse suffisamment entendre. Elle est ainsi conçue :

(1) Op. cit. Episc. d'Adalbéron II.
(2) Ch. FERRY. Invent. des Arch. d'Épinal, t. II, série BB. Introd. p. xix.

« L'hôpital Saint-Goëry où il y a quelques pauvres femmes qui sont nourries du revenu d'une prébende (1). » La prébende valait alors 56 resaux de blé, environ 15 resaux d'avoine et 73 gerbes de seigle, qui étaient délivrés à l'hospice par le fermier des dîmes.

Vers la fin du XVIIIe siècle, cette prébende fut réduite à une demi prébende. En 1793, elle était évaluée à une créance de 612 livres 18 sous, que l'administration municipale réclamait au trésor de l'État.

Un document des archives de l'hospice Saint-Lazare, de l'année 1748, constate que jusqu'alors l'hôpital Saint-Goëry avait rendu peu de services à la ville. Mais, à partir de cette époque, il subit une transformation radicale. La foi si expansive des âges précédents, s'éteignait sous l'influence du Jansénisme. Au commencement du XVIIIe siècle, les grands pèlerinages n'existaient plus, et l'hospice Saint-Goëry avait perdu sa raison d'être. Il fut décidé qu'on y placerait douze orphelins, six garçons et six filles; ils étaient reçus à l'âge de sept ans et gardés jusqu'à seize. Les garçons étaient mis trois années en apprentissage; les filles apprenaient à travailler et recevaient, à leur sortie, un modeste trousseau avec une petite somme d'argent.

Ainsi en fut-il jusqu'au 22 Avril 1793. Les comptes de deux années précédentes se soldaient en déficit, et la destinée de l'hôpital Saint-Goëry fut agitée au conseil municipal. Des membres proposèrent d'aliéner les bâtiments et les immeubles, afin d'entretenir avec les divers revenus de l'établissement, un minimum de dix-huit orphelins. On devait choisir de préférence les enfants dont les pères étaient morts pour la défense de la patrie.

(1) Cartulaire du Chapitre. Dénombrement de la mense abbatiale, p. 402.

Ce projet fut combattu vivement, et l'hôpital réuni à l'hospice Saint-Lazare. Toutefois, le vote municipal n'eut pas d'effet, car le conseil général du district, où prévalaient sans doute ceux qui s'étaient trouvés en minorité à la commune, décréta la vente de tous les immeubles de l'antique hôpital.

Le produit de cette vente et un capital préexistant assez considérable servirent de premier fonds à l'hospice des orphelins de la ville d'Épinal.

III

FORMATION DE LA VILLE D'ÉPINAL. — ÉTABLISSEMENT DU MARCHÉ.

Vers le Xe siècle, la vallée de la Haute-Moselle n'était point déserte; c'était un passage fréquenté dans les relations avec l'Italie, l'Allemagne et la Bourgogne. Elle était d'ailleurs, du côté de l'Est, la tête ou la pointe la plus avancée du territoire des évêques de Mez. Pour en commander l'entrée, ils avaient élevé une forteresse sur une petite montagne qui, s'allongeant en crête, au milieu d'autres sommets se terminant par des plateaux, figure assez bien l'échine (1) d'une vertèbre, surtout quand on la considère des hauteurs qui couronnent la gare, l'hôpital Saint-Maurice, ou l'ermitage Saint-Antoine. De cette forteresse de *Spinal*, ils dominaient la vallée de la Moselle et restaient maîtres de l'entrée de la plaine.

Dans la gorge étroite qui s'étend au pied du château, se trouvaient aussi plusieurs exploitations rurales, mentionnées dans les chartes ou diplômes accordés au monastère Saint-

(1) Ou *Spina*.

Goëry, au commencement du XIe siècle. Ce sont : 1° Avrinsard, entre le cimetière actuel et le village de Jeuxey. Au siècle dernier, le Chapitre y possédait encore, sous ce nom, 160 jours de terre et environ 50 fauchées de prés. 2° Grinval, Grennewo, ou Grennevaut, à l'extrémité de la Grande-Voie, vers les prisons départementales. Au XIV[c] siècle c'était un moulin, plus tard converti en papeterie. 3° Ruausmenil, Roualmenil ou Rualménil, sur la rive gauche de la Moselle, c'est depuis de longs siècles un quartier considérable de la ville d'Épinal. 4° Spinal, où fut bâti le monastère et ses dépendances, entre le château et la Moselle. 5° Villers, dont on ne peut préciser la situation.

Mais ces habitations peu considérables ne ressemblaient à rien moins qu'à une ville ; elles ne formaient pas même une paroisse, et dépendaient, au spirituel, d'une agglomération rurale située à une lieue en aval, déjà connue sous le nom de *Dogneïvilla*.

« Thiéry, évêque de Metz, avait trouvé cet endroit très propre au service de Dieu et y avait construit une église, mais sans y mettre autre chose que les reliques dont nous avons parlé... Il n'y avait point alors de ville à Épinal ; c'en est ici les commencements [1]. »

L'évêque Thiéry ne songeait donc qu'à fonder un monastère sous la protection de son château, entre cette forteresse et la rive droite de la Moselle. Dans ce noble but, il construisit une église, l'enrichit d'un corps saint et, vers l'année 980, obtint de S. Gérard, évêque de Toul, un titre paroissial pour cet établissement religieux. Il mourut le 7 Septembre 984, sans avoir achevé son œuvre. Cette tâche était réservée à Adalbéron II, son successeur. Tout d'abord et probablement

(1) Mém. manuscrits de Dom Jean-François, t. II, p. 97.

en 985, il y amena des moines, qu'il remplaça vers l'an 1000 par des religieuses qui suivaient la règle de saint Benoît (¹).

A l'origine du monastère, la ville n'existait pas encore. Confirmons le témoignage de nos historiens par une preuve topographique irrécusable.

Les premières constructions bâties à l'ombre du château s'établirent et se développèrent sans obstacle. Celles qui s'élevèrent ensuite s'assirent encore librement, à côté des premières, sur un sol dédaigné par elles, ou concédé à un titre quelconque.

Or, c'est l'abbaye qui se trouve ainsi favorisée, sans que rien soit venu restreindre son extension primitive. Au contraire, la cité est-elle antérieure au monastère? Impossible à celui-ci d'acquérir l'espace qu'il occupait pour y étendre si largement son église, son cimetière, son hôpital, son cloître, ses nombreuses constructions, qui devinrent plus tard les maisons canoniales, la Grange-aux-Dîmes et les dépendances.

C'est donc un fait bien constaté; en l'an 1000, Épinal n'existait pas (²).

(1) On sait que plus tard ces Bénédictines firent place à des Chanoinesses, qui occupèrent l'abbaye d'Épinal jusqu'au moment de la Révolution.

(2) « On lit dans les mémoires publiés sur la Lorraine, dit M. Ch. Chanzy, que la ville d'Epinal possédait un château que l'on considérait comme l'un des plus anciens de la Gaule-Belgique; que cette ville, qui s'appelait alors Chaumont, fut ruinée et désolée par les Vandales vers 406; qu'Albéric ou Ambrun la fit rebâtir en 431; qu'elle fut détruite une seconde fois par les barbares en 603; que, devenue déserte, elle n'offrait plus que des ronces et des épines, ce qui lui fit donner le nom d'Epinal, du mot latin *spina*, épine. » Ch. CHANZY, Essai sur l'Hist. de la ville et des faubourgs d'Epinal, p. 10. — Il est possible que des tribus gauloises et même des populations gallo-romaines se soient établies dans ce pays. Mais les incursions des barbares firent disparaître ces populations dont il ne restait plus de traces au VIIᵉ siècle. M. Ch. Ferry, l'habile archiviste de la ville et des hospices d'Epinal, dit que vers 980, Thiéry de Hamelan, voyageant dans le *pagus Calvomontensis,* remarqua entre la Moselle et une éminence les ruines d'un château qui avait été construit dans le VIIIᵉ siècle pour un bâtard de Pépin-le-Bref, et démoli par les Huns, et qu'en langue vulgaire on appelait Spinal. Quoiqu'il en soit, dans cette partie du territoire, il n'y avait alors que cinq manses ou baraques de pêcheurs. Cfr. Inventaire hist. des Archives anciennes d'Epinal. Série BB, t. II. Introd. p. XI.

Il faut se défier des auteurs qui donnent les Vosges pour habitées et floris-

A quelle époque et sous quelles influences s'est formée autour du monastère cette agglomération qui est devenue la ville d'Épinal ?

Archives, chroniques, monuments, tout nous fait défaut sur les premiers temps de la cité spinalienne. L'histoire de la ville commence avec ses fossés, ses tours et ses murailles; car longtemps, au moyen âge, les forteresses et les monastères eurent seuls le privilège d'être comptés pour quelque chose.

L'histoire de Metz, copiée par toutes les statistiques modernes, attribue les fortifications d'Epinal à Jacques de Lorraine, LXIIe évêque de Metz (1). Jacques de Lorraine fut un prélat entreprenant et habile, qui sut mettre le temporel de son évêché sur un pied respectable. Admettons un instant qu'il éleva les premières fortifications d'Epinal, rien ne nous force à reporter au milieu du XIIIe siècle l'origine de la cité.

Mais le texte (2) où l'on puise ce renseignement ne parle pas de fortifications primitives, mais d'une restauration des remparts de la forteresse et de la ville; et même le terme

santes pendant la période mérovingienne. Rien de magistral, sur la question, comme le Mémoire de M. A. Digot sur l'état de la population et de la culture dans les Vosges au VIIe siècle. Je vais reproduire sa conclusion. « Les faits que nous avons rapportés, et qui sont incontestables, suffisent pour prouver qu'au commencement du VIIe siècle le centre de la chaîne des Vosges était à peu près complètement inculte et inhabité, et que les premiers solitaires furent les créateurs de la prospérité de cette province. Il fallut plusieurs siècles pour que les Vosges devinssent une contrée peuplée et productive, pour que l'agriculture s'y développât, pour que les sapins fissent place aux moissons et aux pâturages. Au commencement du IXe siècle, les princes Carlovingiens se rendaient encore dans les Vosges pour chasser les loups, les cerfs, les ours et les aurochs. Ces grandes chasses prouvent que la chaîne des montagnes dont nous parlons était encore bien peu peuplée, et que les cultures n'y avaient pris qu'un développement très restreint. Eginhart, en mentionnant les Vosges, se sert des mots *Vosegi saltum atque secreta*. *Vosagi lustra*, et *Vosagi latissimam vastitatem* sont des expressions employées par l'auteur anonyme de la vie de Louis-le-Débonnaire. » Op. cit. p. 26.

(1) Il y siégea de Janvier 1239 au 24 Octobre 120().

(2) *Gesta Episcoporum Metensium*. DOM CALMET, *Hist. de Lorr.*, 11e édit., t. I, preuves. Col. LXXXVI.

employé par le chroniqueur pour désigner Epinal, est exclusivement réservé aux villes entourées de murailles (1).

Sans tomber dans l'exagération, nous pouvons attribuer à ces fortifications premières une existence de cent années. Ce calcul nous reporte à l'épiscopat d'Etienne de Bar, qui siégea de l'an 1120 au 29 Décembre 1163. Il avait succédé au Bienheureux Théogère ou Théotgère, qui fut en butte à d'innombrables difficultés et dont on exploita la faiblesse ou l'absence pour ruiner le temporel de l'évêché. « Etienne, dit Dom Jean-François dans ses Mémoires manuscrits, trouva le temporel de son évêché extrêmement dérangé : il ne lui restait que la terre de Rumilly qui ne fût pas occupée par des étrangers, que l'auteur de la vie de notre prélat nomme *tyrans*. Les ducs de Lorraine, les bourgeois de Metz et plusieurs autres petits seigneurs s'étaient emparés des biens de l'évêché pendant cette espèce d'anarchie qui régnait depuis tant d'années. Etienne, fortifié du secours de son frère Renaud, comte de Bar, et de celui de ses autres parents et amis, reprit en peu de temps tout ce qu'on avait usurpé sur son église (2). »

Au commencement du XIᵉ siècle, le château d'Épinal appartenait entièrement aux évêques de Metz, l'auteur de la vie d'Adalbéron II le qualifie de demeure épiscopale : *sedes episcopalis*. Mais en 1422, Conrad Bayer de Boppart se plaignait aux bourgeois d'Épinal d'être comme un étranger au milieu d'eux.

« *Quant je vien en cette ville,* leur disait-il, *je suis come en*
« *une estrange ville. Il falt que je vive de mon denier come*
« *ung estrenge. Je n'y ai point de mason, je volroie que me*

---

(1) « *Castrum spinalense et oppidum magnis firmitatibus reparavit.* »

(2) Mém. de D. Jean-François, t. II, p. 331. — Meurisse, *Hist. des évêques de l'église de Metz*, p. 390. — *Hist. de Metz* par les Bénédictins, t. II, p. 225 et seqq.

« *donesiez celle mason.* » Quant il ot dit toute sa velontei,
les VII devant nomei li dirent : « *Monseigneur affin que nous*
« *n'entendons mal et por entendre senement, quel mason*
« *es-ce.* » — « *O*, dit-il, *vous l'entendez bien, c'est le Chestel.* »
Il li respondirent : « *Monseigneur se nous estiens si bon com*
« *d'estre de vostre consoil, nous vous concelleriens que jamaix*
« *n'en parlez* » (¹).

A cette date, « les droits des évêques de Metz étaient limi-
tés à quelques privilèges honorifiques, à la perception des
amendes et de quelques cens, à faire rendre la justice par des
officiers de leur choix et à entretenir un maître monnayeur
dans la ville. Les habitants se gouvernaient par quatre ma-
gistrats élus chaque année sous le nom de gouverneurs, par
un conseil composé de cent bourgeois les plus riches et les
plus discrets, comme on disait alors, et par l'assemblée
générale de la communauté, que les chefs convoquaient au
son d'une cloche exclusivement consacrée à cet usage, lorsque des évènements graves ou des résolutions d'une haute
importance leur paraissaient réclamer le concours de la vo-
lonté de tous. Ils étaient seuls maîtres de leur ville et du
château qui la protégeait ; ils faisaient la paix et la guerre,
formaient des alliances et concluaient des traités sans le concours de leur seigneur, et même sans être obligés de requérir
son consentement (²). »

La ville d'Epinal était donc à peu près affranchie au commencement du XVᶜ siècle ; mais à quelle époque et comment
s'est produit cet affranchissement ? Ici encore nous manquons
de renseignements positifs. Essayons, en nous appuyant sur
quelques principes de critique, d'éclaircir ce point si obscur

(1) Episode de l'histoire d'Epinal. Chronique inédite du XVᵉ siècle, par M. MAU-
D'HEUX. Tirage à part, p. 12 et 13.

(2) Ibidem, p. 4.

de notre histoire ; il nous sera plus facile ensuite de fixer la date que nous cherchons.

Si au XVe siècle l'affranchissement d'Epinal eût été récent, évêques et bourgeois, dans le cours de leurs longues contestations, n'eussent pas manqué d'en rappeler l'époque et les circonstances.

S'il eût été régulier ou le résultat d'un acte d'autorité librement consenti, sa date ne fût point non plus restée incertaine : personne n'ignore avec quels soins jaloux les municipalités conservaient les titres de leurs libertés, aimaient à en produire les chartes, en faisaient jurer le maintien et la garde aux seigneurs qui avaient intérêt à les amoindrir. Conrad dut lui-même prêter serment sur les saints évangiles, et jurer de respecter, de maintenir, de défendre les privilèges, coutumes et libertés d'Epinal.

Or, ni l'évêque pour les contester, ni les bourgeois pour repousser les prétentions du prélat, n'invoquèrent jamais la date et les circonstances de l'affranchissement de la cité. Cet évènement était du nombre de ces faits d'une époque lointaine qui semblent avoir existé toujours, et dont l'origine se perd dans la nuit des siècles.

Les lettres de cet affranchissement n'ont d'ailleurs été produites ni dans l'original, ni en copie, ni en extrait ; leur existence n'est pas même alléguée. Aussi est-il probable que l'affranchissement d'Epinal ne fut pas le résultat d'un libre consentement de l'autorité, mais une conquête des bourgeois révoltés, qui fut plus tard ratifiée et légalisée par l'application de la doctrine des faits accomplis.

Un tel évènement n'est vraisemblable que dans certaines circonstances ; unique et isolé sous une autorité puissante, il ne se comprend pas. Il lui faut, pour se produire, une période d'anarchie, sous une autorité affaiblie, et l'appui d'un mouvement général qui favorise le succès, l'impunité et le pardon.

A aucune époque, il faut bien le reconnaître, cette condition ne se réalise aussi manifestement que sous l'épiscopat de Théotgére (1) dont j'ai indiqué tout-à-l'heure la malheureuse histoire.

Ni la revendication du temporel de l'évêché par Etienne de Bar (2), ni la réparation et l'agrandissement des fortifications de la ville et du château ne sauraient ébranler cette hypothèse ; car ces deux faits impliquent seulement une vague suzeraineté que ne détruisait pas l'affranchissement de la cité.

Épinal existait donc dès le XIe siècle, et la ville fut de bonne heure entourée de remparts et affranchie.

La reconstruction de l'église dès la première moitié du XIe siècle sur des proportions plus vastes, favorise nos con-clusions. L'établissememcment fondé par Thiéry de Hamelan prenait de jour en jour plus d'extension, sous la double pro-tection des évêques de Metz et de Toul ; grâce au nombre toujours croissant des religieuses et des pèlerins, l'église primitive devint bientôt trop petite (3), et il fallut sinon dé-

---

(1) De 1117 à 1120.

(2) Les évêques de Metz ne parvinrent pas à ressaisir toute leur autorité à Epi-nal pour deux raisons : 1° parce que la ville était située à l'extrême frontière de leurs possessions; 2° parce que le développement de la cité avait modifié profon-dément la nature des choses. Un château protégeant un monastère, une église, des religieuses, des pèlerins, abritant des hommes d'armes et quelques officiers domestiques, est facile à conserver; il n'en est pas ainsi d'une population consi-dérable, vivant de son industrie, rassemblée de toutes parts et formant une ville florissante.

(3) M. Félix Voulot dit que l'édifice primitif, « élevé sur de vastes proportions par des mains inhabiles, était si mal assis, qu'on fut obligé de le renouveler presque entièrement dans la première moitié du XIe siècle. » La qualification de vaste donnée à l'église de Thiéry de Hamelan me semble gratuite et fautive. Peut-être l'édifice était-il mal assis; mais le vrai motif de cette reconstruction fut son exiguïté notoire, *quia nimis parvum erat*, dit la charte de Riquin de Commercy. Ce n'est, du reste, qu'après l'an 1( ) que l'on se mit à construire de vastes églis-ses. Cfr. Notice archéologique sur l'église Saint-Maurice d'Épinal, p. 1 du tirage à part.

truire, transformer du moins le bâtiment qui, comme la plupart des églises de cette époque, n'était probablement qu'une chapelle (1).

La nouvelle église devint la grande nef de l'église actuelle, avec la tour, le transept et une abside un peu moins vaste que celle d'aujourd'hui. Mais un tel vaisseau n'est pas élevé uniquement pour des pèlerins, il suppose la présence d'une population indigène et permanente déjà considérable. C'est ainsi d'ailleurs que la tradition jusqu'à ce jour a interprété la charte de l'évêque de Toul, Riquin de Commercy (2).

Cherchons maintenant quelles furent les vraies causes de la formation d'Epinal ?

En réalité, l'histoire n'en doit mentionner qu'une : le culte populaire de S. Goëry.

C'est en vain que l'on invoquerait l'action créatrice du château et du marché ; s'ils contribuèrent à la formation de la ville, il faut bien reconnaître que leur influence dérivait tout entière et relevait du pèlerinage de S. Goëry.

Le château n'avait-il pas existé, peut-être pendant plusieurs siècles, sans provoquer aucune agglomération dans l'étroite vallée qu'il protégeait ? Sa part d'action est modeste et circonscrite : il fut pour ceux qui y étaient conviés par la piété ou l'appât du gain un motif déterminant de se fixer à l'ombre de ses murailles. A cette époque de guerres continuelles, de haines sauvages, de déprédations, la défense d'une citadelle était nécessaire aux établissements soucieux de leurs intérêts

(1) L'église de Saint-Maurice d'Épinal, par L. DUHAMEL, p. 5.

(2) Cartulaire du Chapitre. Archives des Vosges. Cette église eut l'honneur d'être consacrée par notre grand pontife S. Léon IX. On dut bientôt l'agrandir elle-même et la compléter. Cette œuvre de plusieurs âges est devenue un vrai monument d'architecture, l'orgueil de toute la contrée; et, après une succession de huit siècles, la génération présente s'estime heureuse de pouvoir attacher son nom à la restauration de cette basilique qu'elle poursuit au prix d'énormes sacrifices.

et de leur avenir. Les monastères eux-mêmes s'entouraient de murailles hautes et épaisses comme des remparts, souvent de tours et de donjons. La tour de l'église d'Epinal, dont le noyau est antérieur à l'an 1051, est un remarquable débris des fortifications qui constituaient la défense du monastère Saint-Goëry.

L'influence du marché me paraît plus active et plus féconde ; je m'y arrêterai davantage.

Le marché d'Epinal doit lui-même son existence au culte de S. Goëry ; sans l'affluence des pèlerins, jamais ni les évêques ni les empereurs n'auraient songé à l'établir près de l'église et du monastère. Avant de le créer, de le régler par des statuts protecteurs, il fallait un grand concours de pèlerins, de marchands, d'acheteurs, de gens de toute espèce. Il est donc un effet du pèlerinage avant d'être un élément favorable à la formation et à l'accroissement de la cité.

Il n'est pas permis à l'historien de contester l'importance civile et politique des pèlerinages. Presque partout, ils établirent des relations commerciales qui durent encore, et la plupart de nos grandes foires n'ont d'autre origine que la dédicace d'une église ou la vénération d'une relique insigne ( ). Aussi, dans le nombre des services rendus par l'Eglise au

(1) A l'appui de cette assertion, je citerai quelques faits. Le pape S. Léon IX consacra l'église de l'abbaye Saint-Arnould, de Metz. le 11 Octobre 1049. « Pour rendre tout à fait solennel l'anniversaire de cette église, il établit sous le bon plaisir de l'empereur Henri III, une foire annuelle proche l'église de ce monastere. Mém. mss. de Dom Jean-François, t. II, p. 205. — Heriman, évêque de Metz, renouvela le même privilège et fixa à trois jours la durée de la foire. Ibid., p. 247. — « En l'année 1000, le même prélat accorda à l'abbaye de Saint-Clément de Metz le droit de tenir chaque année au 1er Mai, une foire franche de huit jours. » Ibidem. — Le 1er Mai est l'anniversaire de la translation de l'apôtre messin ; cette foire s'est conservée à la même date.

Les deux grandes foires de Toul ont une origine toute semblable. Celle de Saint-Mansuy, le 3 Septembre, se tenait dans le pré de l'abbaye et autour du monastère. Celle du Saint Clou fut instituée à cause de l'affluence extraordinaire des pèlerins au jour anniversaire de la translation, de Trèves à Toul par S. Gérard, de la pointe d'un clou qui servit à attacher N. S. à la Croix. A une époque plus récente, le pèlerinage de Saint-Nicolas eut des effets analogues, en faisant d'un lieu qui,

commerce et à l'industrie, il faut se garder d'omettre l'établissement des foires et des marchés autour des basiliques et des monastères ([1]).

Le marché d'Epinal, d'après les termes de la charte de l'empereur Henri II, remonte à la fin de l'année 1003 ([2]). Il y est dit que l'évêque Adalbéron donna au monastère d'Epinal, pour en jouir à perpétuité, *œterno jure concessit*, plusieurs biens du domaine épiscopal, le marché et la pêche, *hoc est mercatum in ipsâ villâ et piscationem.*

Il ne faut pas mesurer l'importance des foires anciennes par celles de notre époque ; nous n'avons plus aujourd'hui qu'un pâle reflet, un lointain souvenir de ces vieux marchés publics. La marchandise se trouve à côté de l'acheteur, souvent même le sollicite jusque dans son domicile ; mais, au moyen-âge, nos facilités de correspondance n'existaient pas ; vendeurs et acheteurs se déplaçaient, et les grands pèlerinages étaient leurs rendez-vous ordinaires et naturels.

Et pourquoi n'admettrions-nous pas que les évêques et les princes, en régularisant ces marchés publics, agissaient en vue de la prospérité de leurs sujets comme dans l'intérêt de leur propre puissance ? Pourquoi n'admettrions-nous pas qu'ils avaient pleine conscience de leurs œuvres, et qu'ils travail-

à la fin du XIe siècle, était à peine un village, une place très considérable de commerce et une ville qui, à la fin du XVIe siècle, comptait une population d'au moins 10,000 habitants. Cfr. A. DIGOT, *Hist de Lorr.*, t. II, 167 et V, 122 à 124. Cfr. *etiam* L'ancien régime dans une bourgeoisie Lorraine, par M. J. MUNIER-JOLAIN, p. 36 et 37.

(1) CLOUET, *Hist. de la province de Trèves*, t. I, 723.

(2) On lit à la page 23 du Cartulaire du Chapitre d'Epinal : « Extrait d'un ancien Cartulaire contenant l'histoire et la description des actes de Thiéry, évêque de Metz, délivré par le garde du trésor des Chartes : Pour rendre ce lieu (Epinal) plus célèbre et procurer aux bourgeois et habitants les choses qui leur sont nécessaires, il permit d'y frapper monnoye et d'y établir un marché public et fit confirmer cet établissement par l'autorité impériale. » D'après cette note, il faudrait faire remonter à l'année 983 la date de l'établissement du marché public d'Epinal. Il est difficile de souscrire à cette opinion, et il nous semble sage de s'en tenir aux termes et à la date si nettement formulée de la charte de l'empereur Henri et de l'impératrice Cunégonde.

laient à l'accroissement de leur pouvoir temporel en même temps qu'au bien-être de leurs vassaux ? Il serait étrange, en réalité, que le grand évêque Adalbéron II, en favorisant le culte de S. Goëry, par l'établissement d'un monastère, la fondation d'un hospice, la concession d'un marché, n'ait ni prévu ni voulu l'agglomération qui, en constituant la ville d'Epinal, augmentait la puissance de son château et doublait la force protectrice de l'entrée de ses possessions de ce côté des montagnes des Vosges !

La ville d'Epinal ainsi formée atteignit bientôt et conserva longtemps une haute importance commerciale. Pendant toute la durée du moyen âge, son commerce s'étendit au loin, protégé et favorisé par des franchises exceptionnelles.

C'est ainsi que dans cette gorge étroite où Thiéry de Hamelan n'avait aperçu que l'espace suffisant à un monastère, sur ce sol peu fertile, le corps de S. Goëry a rassemblé tant d'intérêts et dans d'affections, qu'à l'ombre du fier château de Spinal, à l'entour du pieux monastère, une cité florissante s'est élevée comme par enchantement. Au milieu du XIIe siècle, elle est assez puissante pour être ceinte de tours et de remparts ; dès lors devenue citadelle, elle excite la convoitise des rois de France, mérite les colères de Charles-le-Téméraire et devient un des plus riches joyaux du duché de Lorraine.

Il me reste à faire l'historique du culte de S. Goëric à travers les âges. Fondateur de la ville d'Epinal, il en fut aussi le protecteur, et son culte pénétra pour ainsi dire les mœurs et les usages de la cité spinalienne.

Mais je m'arrête aujourd'hui. Peut-être les documents publiés avec une rare intelligence par M. Ch. Ferry faciliteront-ils ma tâche ingrate, et mettront-ils en lumière, dans le cours des siècles, l'indissoluble union de S. Goëry et de sa reconnaissante ville d'Epinal.

L'Abbé Ch. CHAPELIER.